¿POR QUÉ Y CÓMO ORAR?

Folletos de *Alpha—Preguntas de la vida* incluye:

El cristianismo: ¿aburrido, falso e irrelevante?

¿Quién es Jesús?

¿Por qué murió Jesús?

¿Cómo podemos llegar a tener fe?

¿Por qué y cómo orar?

¿Por qué y cómo debo leer la Biblia?

¿Cómo nos guía Dios?

El Espíritu Santo

¿Cómo puedo resistir al mal?

¿Por qué y cómo debemos contárselo a los demás?

¿Sana Dios hoy en día?

¿Qué hay acerca de la iglesia?

¿Cómo aprovechar al máximo el resto de mi vida?

¿POR QUÉ Y CÓMO ORAR?

Nicky Gumbel

Alpha

¿Por qué y cómo orar?
Título original: *Why and How Do I Pray?*
Publicado por primera vez en 1993 como parte de *Alpha—Preguntas de la vida*.

© 1993 Nicky Gumbel

Traducción española © 2009 Alpha International, Holy Trinity Brompton, Brompton Road, Londres SW7 1JA, Reino Unido.

Quedan rigurosamente prohibidas, sin la autorización escrita de los titulares del copyright, según las sanciones establecidas en las leyes, la reproducción total o parcial de esta obra por cualquier método o procedimiento, comprendidos la copia y el tratamiento informático, así como la distribución de ejemplares de ella mediante alquiler o préstamo públicos.

Esta edición ha sido publicada mediante un acuerdo especial con Kinsgway. Los derechos de autor de Nicky Gumbel están vigentes según lo dispuesto por la Ley de Patentes, Diseños y Derechos de Autor de 1988 (*Copyright, Designs and Patent Act* 1988).

Edición 2009, traducción de Jaime Álvarez Nistal revisada por Rosa María Leveritt-Santiváñez y José Alberto Barrera Marchessi.

Textos bíblicos tomados de la SANTA BIBLIA, NUEVA VERSIÓN INTERNACIONAL® NVI®. Derechos de autor © 1999, Sociedad Bíblica Internacional®. Usado con el permiso de la Sociedad Bíblica Internacional®. Todos los derechos reservados.

Impreso en los Estados Unidos de América

Ilustraciones de Charlie Mackesy

ISBN 978-1-934564-82-0

1 2 3 4 5 6 7 8 9 10 Printing/Year 14 13 12 11 10

Índice

¿Qué es la oración?	8
¿Por qué orar?	11
¿Responde Dios siempre a la oración?	14
¿Cómo debemos orar?	18
¿Cuándo debemos orar?	25
Notas	26

¿Por qué y cómo orar?

Encuestas realizadas en la escéptica y secular Inglaterra muestran que tres cuartas partes de la población de este país reconoce orar, por lo menos, una vez a la semana. Antes de ser cristiano hacía dos tipos de oraciones. Por un lado, recitaba una oración que mi abuela —que no era cristiana practicante— me había enseñado cuando era niño: «Dios, bendice a mamá y a papá […] y a todo el mundo, y haz que sea bueno. Amén». No había nada de malo en esa oración, pero para mí era simplemente una fórmula que recitaba todas las noches antes de acostarme, con miedo de que algo malo pudiera ocurrir si no lo hacía.

Por otro lado, también oraba en momentos de crisis. Cuando tenía diecisiete años, por ejemplo, hice un viaje, yo solo, a los Estados Unidos. Una vez allí, la empresa de autobuses en la que viajaba perdió mi mochila y, con ella, mi ropa, mi dinero y mi agenda con todas las direcciones. Me quedé prácticamente sin nada. Pasé diez días viviendo en una comuna hippie en Key West y compartiendo tienda con un alcohólico. Después de eso —con un sentimiento de soledad y desesperación que iba en aumento— pasé los días deambulando por varias ciudades estadounidenses, y las noches viajando en autobús. Un día, mientras caminaba por la calle, grité a Dios (en quien no creía) y le pedí que me permitiera encontrar a alguien conocido. No mucho después, me monté en el autobús de las seis de la mañana en Phoenix, Arizona, y coincidí con un viejo amigo de la escuela. Me prestó dinero y viajamos juntos durante varios días. A partir de entonces, mi viaje cambió completamente, pero yo no lo interpreté como una respuesta a mi oración, sino como una mera coincidencia. Desde que soy cristiano, me he dado cuenta de que la cantidad de «coincidencias» que ocurren cuando oramos es impresionante.

¿QUÉ ES LA ORACIÓN?

La oración es la actividad más importante de nuestras vidas porque es la forma principal en la que desarrollamos una relación con nuestro Padre celestial. Jesús dijo: «Cuando te pongas a orar, entra en tu cuarto, cierra la puerta y ora a tu Padre, que está en lo secreto» (Mateo 6,6). Es algo natural que los seres humanos quieran comunicarse con Dios, y Jesús nos enseña cómo hacerlo. Él considera la oración como una relación más que como un ritual. No es un torrente de palabras mecánicas e inconscientes. De hecho, Jesús añadió: «Y al orar, no hablen sólo por hablar como hacen los gentiles» (Mateo 6,7). La oración es una conversación con nuestro Padre celestial. Se trata, pues, de una relación, y, cuando oramos, toda la Trinidad participa —Padre, Hijo y Espíritu Santo—.

La oración cristiana es una oración «a tu Padre»

Jesús nos enseñó a orar: «Padre nuestro del cielo» (Mateo 6,9). Dios es una persona. Naturalmente, como afirma C. S. Lewis, es «más que una persona», pero no deja de ser una persona. Hemos sido creados a imagen y semejanza de Dios. Él es nuestro Padre y nos ama, y nosotros tenemos el extraordinario privilegio de poder entrar en su presencia y decirle «*Abba*» —palabra aramea cuya traducción más próxima es 'Papá' o 'Querido Padre'—. Hay una gran intimidad en nuestra relación con Dios y en la oración que dirigimos a nuestro Padre celestial.

No es tan sólo «nuestro Padre», es «nuestro Padre que está en el cielo». Tiene poder celestial. Cuando oramos, estamos hablando al Creador del universo. El 20 de agosto de 1977, el Voyager II, la sonda espacial interplanetaria lanzada para observar sistemas planetarios extrasolares y transmitir información sobre ellos a la Tierra, dejó la Tierra a una velocidad de 145.000 km/h (superior a la de una bala). El 28 de agosto de 1989 llegó a la altura del planeta Neptuno, a unos 4.300 millones de kilómetros de la Tierra. A continuación, el Voyager II salió del Sistema Solar. No se acercará a menos de un año luz de ninguna estrella hasta dentro de 958.000 años. En nuestra galaxia hay unos 300.000 millones de estrellas como nuestro Sol. Nuestra galaxia es una de entre las más de cien mil millones de galaxias existentes. En un comentario casi marginal hecho en el Génesis, el autor nos dice: «También hizo las estrellas» (Génesis 1,16). Tal es su poder. El escritor cristiano Andrew Murray dijo en una ocasión: «El poder de la oración depende casi por completo de nuestra comprensión de con quién estamos hablando».[1]

Cuando oramos, estamos hablando a un Dios que es tanto trascendente como inmanente. Él es mucho más grande y más poderoso que el universo que ha creado y, a pesar de eso, está con nosotros cuando oramos.

La oración cristiana es «por medio del Hijo»

Pablo afirma que «por medio de él [Jesús] tenemos acceso al Padre por un mismo Espíritu» (Efesios 2,18). Jesús dijo: «El Padre les dará todo lo que le pidan en mi nombre» (Juan 15,16). Solos, no tenemos derecho de acercarnos a Dios, pero sí que podemos hacerlo «por medio de Jesús» y «en su nombre». Por eso, es costumbre acabar las oraciones con las palabras «por Jesucristo nuestro Señor» o «en el nombre de Jesús». No se trata simplemente de una fórmula, sino que es nuestro reconocimiento de que sólo nos podemos acercar a Dios por medio de Jesús. Es Jesús quien, por su muerte en la cruz, eliminó la barrera que había entre nosotros y Dios. Él es nuestro gran Sumo Sacerdote. Por eso el nombre de Jesús tiene tanto poder.

El valor de un cheque no sólo depende de la cantidad que en él figure, sino también de la persona que lo firma. Si yo firmara un cheque de quince millones de dólares no tendría ningún valor. Pero si Bill Gates, uno de los hombres más ricos del mundo, firmara un cheque por quince millones de dólares, ése sería exactamente el valor que tendría. Cuando vayamos al banco del Cielo, no tendremos nada ingresado allí. Si voy en mi propio nombre no lograré nada en absoluto. Pero Jesús tiene un crédito ilimitado en el Cielo y nos ha concedido el privilegio de poder usar su nombre.

La oración cristiana es una oración «por un mismo Espíritu» (Efesios 2,18)

Orar puede resultarnos difícil, pero Dios no nos ha dejado desamparados. Nos ha dado su Espíritu, que habita en nosotros y que nos ayuda a orar. Pablo escribe: «Asimismo, en nuestra debilidad el Espíritu acude a ayudarnos. No sabemos qué pedir, pero el Espíritu mismo intercede por nosotros con gemidos que no pueden expresarse con palabras. Y Dios, que examina los corazones, sabe cuál es la intención del Espíritu, porque el Espíritu intercede por los creyentes conforme a la voluntad de Dios» (Romanos 8,26-27). En uno de los capítulos posteriores nos detendremos para ver con más detalle la acción del Espíritu. Por el momento, es suficiente señalar que, cuando oramos, Dios nos ayuda a orar mediante su Espíritu, que vive en nosotros por el hecho de ser cristianos.

¿POR QUÉ ORAR?

La oración es una actividad vital. Hay muchas razones para orar. La oración es, en primer lugar, la manera en que desarrollamos nuestra relación con nuestro Padre celestial. A veces la gente dice: «Si Dios ya conoce nuestras necesidades, ¿por qué tenemos que presentárselas?». Pues bien, ciertamente, no podríamos hablar de una relación si no hubiera comunicación. Por supuesto, pedir no es la única forma de comunicarnos con Dios. Hay otras formas de oración: la acción de gracias, la alabanza, la adoración, la confesión, la escucha, etc. Pero la oración de petición es importante.

A medida que le pedimos cosas a Dios y que vemos que nuestras oraciones son escuchadas, nuestra confianza en él aumenta.

Jesús oró y nos enseñó a hacer lo mismo. Él mantenía una relación ininterrumpida con su Padre. Su vida fue una vida de oración constante. Hay numerosas referencias a su oración, y en la Biblia leemos que Jesús se retiró con frecuencia para orar (ej. Marcos 1,35; Lucas 6,12).

Jesús también dice que, si oramos, Dios nos recompensará. Podríamos preguntarnos si es apropiado esperar una recompensa. Naturalmente, hay recompensas inadecuadas: el dinero a cambio de sexo es, por ejemplo, una recompensa inadecuada. Pero también hay recompensas adecuadas. Si alguien se esfuerza a la hora de preparar sus exámenes, entonces, aprobarlos u obtener un título es una recompensa adecuada. C. S. Lewis expresó la misma realidad de la siguiente manera: «Las recompensas genuinas no se asocian simplemente a la actividad que las origina, sino que son la actividad misma en consumación».[2]

Muchos de nosotros vivimos con una inquietud interna permanente o con un sentimiento profundo de tristeza o anhelo. En mi experiencia, la oración satisface esa hambre espiritual. La recompensa es que, cuando oramos, empezamos a experimentar el amor que Dios nos tiene y su presencia en nosotros. Como dice el salmista: «Me llenarás de alegría en tu presencia» (Salmo 16,11).

Por último, la oración no sólo nos transforma, sino que también transforma las situaciones en las que vivimos. Mucha gente puede aceptar que la oración en sí tenga un efecto beneficioso en la persona, pero algunos ponen objeciones filosóficas a la idea de que la oración pueda cambiar las cosas, los acontecimientos o, incluso a los demás. El rabino Daniel Cohn-Scherbok, antiguo profesor de la Universidad de Kent, escribió en una ocasión un artículo en el que argumentaba que, puesto que Dios conoce el futuro, éste debe estar, en consecuencia, determinado. A lo que Clifford Longley, antiguo corresponsal de asuntos religiosos en el periódico *The Times*, respondió correctamente: «Si Dios vive en el eterno presente, escucha todas las oraciones simultáneamente. De este modo, puede tomar una oración de la semana que viene e incorporarla en un acontecimiento del mes pasado».

Jesús nos animó a menudo a que pidiéramos. Dijo: «Pidan, y se les dará; busquen, y encontrarán; llamen, y se les abrirá. Porque todo el que pide, recibe; el que busca, encuentra; y al que llama, se le abre» (Mateo 7,7-8).

Todo cristiano sabe, por experiencia, que Dios responde a la oración. Cuando yo comencé a hacer oración pedía por las pequeñas cosas de mi propia vida y empezaron a ocurrir coincidencias. Cuanto más oraba, más coincidencias veía. Relacioné ambas cosas y empecé a aventurarme a orar por asuntos más importantes. Ciertamente, no es posible demostrar el cristianismo basándose en la respuesta a nuestras oraciones, puesto que los escépticos siempre encuentran otras explicaciones. Pero la acumulación de oraciones atendidas refuerza nuestra fe en Dios. Llevo años escribiendo un diario de oración y me resulta fascinante ver cómo día tras día, semana tras semana y año tras año, Dios ha respondido a mis oraciones.

¿RESPONDE DIOS SIEMPRE A LA ORACIÓN?

En el pasaje de Mateo 7,7-8 arriba citado, y en muchos otros del Nuevo Testamento, las promesas parecen ser absolutas. Sin embargo, cuando consideramos las Escrituras en su totalidad, vemos que hay buenas razones por las que no siempre recibimos lo que pedimos.

Cuando no reconocemos ante Dios las cosas que hemos hecho mal, podemos estar levantando una barrera entre nosotros y Dios: «La mano del Señor no es corta para salvar, ni es sordo su oído para oír. Son las iniquidades de ustedes las que los separan de su Dios. Son estos pecados los que lo llevan a ocultar su rostro para no escuchar» (Isaías 59,1-2). Naturalmente, todos nosotros cometemos faltas, y si eso nos impidiera orar, nadie oraría jamás. Pero Jesús murió en la cruz para que fuéramos perdonados, lo que, a su vez, nos permite orar. Cuando la gente dice: «No siento que esté en comunicación con Dios. No siento la presencia de nadie», la primera pregunta que se les puede hacer es si han recibido alguna vez el perdón de Dios a través de Cristo en la cruz. La barrera debe eliminarse antes de que podamos esperar que Dios escuche y atienda nuestras oraciones.

Incluso como cristianos, nuestra amistad con Dios puede echarse a perder por causa del pecado o de la desobediencia. Juan escribe: «Queridos hermanos, si el corazón no nos condena, tenemos confianza delante de Dios, y recibimos todo lo que le pedimos porque obedecemos sus mandamientos y hacemos lo que le agrada» (1 Juan 3,21-22). Si somos conscientes de algún pecado o desobediencia hacia Dios, tenemos que reconocerlo y rechazarlo para que nuestra amistad con Dios pueda ser restaurada y para que podamos acercarnos de nuevo a él con confianza. Dios lo ve todo —no es posible engañarlo mediante la planificación simultánea del pecado y del arrepentimiento—.

Por otro lado nuestras intenciones también pueden suponer un obstáculo para recibir lo que pedimos. ¡No toda petición para ganar la lotería, casarse con una estrella de Hollywood o tener un Mercedes Benz será atendida! Santiago, el hermano de Jesús, escribe:

> Desean algo y no lo consiguen. Matan y sienten envidia, y no pueden obtener lo que quieren. Riñen y se hacen la guerra. No tienen, porque no piden. Y cuando piden, no reciben porque piden con malas intenciones, para satisfacer sus propias pasiones (Santiago 4,2-3).

Un famoso ejemplo de oración plagada de malas intenciones es la siguiente oración de John Ward of Hackney, escrita en el siglo dieciocho:

> Vos sabéis, oh Señor, que tengo nueve propiedades en la Ciudad de Londres y que he adquirido, recientemente, otra propiedad en pleno dominio en el condado de Essex. Os suplico que preservéis los condados de Essex y

de Middlesex del fuego y del terremoto. Y, como tengo una hipoteca en Hertfordshire, os ruego asimismo que volváis a ese condado vuestros ojos misericordiosos. En lo que se refiere al resto de los condados, podéis proceder como más os agrade.

Permitid, oh Señor, que el banco pueda pagar sus recibos, y haced que todos mis deudores sean justos. Conceded un próspero viaje y una vuelta sin percances al barco Sirena, porque he sido yo quien lo ha asegurado. Y, como vos habéis dicho que los años de los impíos se acortan, confío en vos y en que no olvidaréis vuestra promesa, puesto que he adquirido una propiedad en reversión que me será restituida después de la muerte de ese joven disoluto, Sir J. L.

Proteged a mis amigos del naufragio y defendedme de los ladrones y atracadores. Haced que todos mis siervos sean tan honrados y fieles que velen por mis intereses y nunca se aprovechen de mis posesiones, tanto de noche como de día.

Juan escribe: «Ésta es la confianza que tenemos al acercarnos a Dios: que si pedimos *conforme a su voluntad*, él nos oye» (1 Juan 5,14, cursiva del autor). Cuanto más conozcamos a Dios, mejor conoceremos su voluntad y más atendidas serán nuestras oraciones.

A veces, las oraciones no son atendidas porque lo que pedimos no es bueno para nosotros. Dios sólo ha prometido darnos «cosas buenas» (Mateo 7,11). Nos ama y sabe lo que más nos conviene. Los buenos padres no siempre dan a sus hijos lo que éstos les piden. Si un niño de dos años quisiera jugar con un cuchillo de cocina, un buen padre le diría: «No». Como John Stott ha escrito, Dios responderá «no» si las cosas que pedimos «no son buenas en sí mismas o no son buenas para nosotros o para los demás —directa o indirectamente, inmediatamente o a la larga—».

La respuesta a nuestra oración será «sí», «no» o, en ocasiones, «espera», y deberíamos estar enormemente agradecidos por ello. Si se nos diera carta blanca, nunca nos atreveríamos a orar de nuevo. Ruth Graham (la mujer de Billy Graham, escritor y evangelizador) dijo en una conferencia en Minneapolis: «Dios no siempre ha respondido a mis oraciones. Si lo hubiera hecho, me habría casado con el hombre equivocado —¡varias veces!—».

En mi propia experiencia, a veces parece como si Dios nos hubiera escondido su rostro. El salmista oró: «¿Hasta cuándo, Señor, me seguirás olvidando? ¿Hasta cuándo esconderás de mí tu rostro?» (Salmos 13,1). En momentos así tenemos que confiar en Dios a pesar del silencio. El mismo salmista concluye: «Pero yo confío en tu gran amor; mi corazón se alegra en tu salvación» (Salmos 13,5).

A veces, nunca sabremos en esta vida por qué

la respuesta es «no». Recuerdo perfectamente un acontecimiento que tuvo lugar en 1996. Estaba jugando al *squash* con uno de mis mejores amigos, Mick Hawkins, un hombre de cuarenta y dos años y padre de seis hijos, cuando, en pleno partido, sufrió un infarto, se desplomó y murió. Nunca he gritado tanto a Dios como lo hice en aquella ocasión. Le supliqué que lo sanara, que lo reanimara y que su infarto no fuera mortal. No sé por qué murió.

Esa noche no pude dormir, así que me levanté alrededor de las 5 de la mañana. Salí a dar un paseo y le dije al Señor: «No logro entender por qué ha muerto Mick. Era una persona tan maravillosa, un marido y un padre tan bueno... No lo entiendo...». Entonces, me di cuenta de que tenía que hacer una elección. Podía decir: «Voy a dejar de creer», o bien: «Voy a continuar creyendo a pesar de no comprender; voy a continuar confiando en ti, Señor, aunque no creo que jamás llegue a entender —en esta vida— por qué ha sucedido esto».

A veces, tendremos que esperar hasta que nos encontremos cara a cara con Dios para entender su voluntad y para comprender por qué nuestras oraciones no fueron atendidas como lo habríamos esperado.[3]

¿CÓMO DEBEMOS ORAR?

No existe ninguna manera fija de orar. La oración es una parte integral de nuestra relación con Dios y, por tanto, somos libres de hablar con él como queramos. Dios no quiere que repitamos palabras sin significado o que nos limitemos a usar un vocabulario religioso;

quiere que seamos honestos con él y que le contemos lo que tenemos en el corazón. Para mucha gente resulta útil apoyarse en un modelo de oración. Personalmente, durante algunos años, utilicé el acrónimo ACAP.

A – adoración – alabar a Dios por lo que es y por lo que ha hecho.
C – confesión – pedir perdón a Dios por lo que hayamos hecho mal.
A – acción de gracias – dar gracias a Dios por la salud, por la familia, por los amigos, etc.
P – petición – presentar a Dios algunas necesidades y pedir favores para nosotros, para nuestros amigos o para otras personas.

Últimamente, suelo seguir el modelo de la oración del Padrenuestro (Mateo 6,9-13):

«Padre nuestro que estás en el cielo» (v. 9)

Ya hemos visto, más arriba, lo que esta frase significa. Con ella en mente, dedico un poco de tiempo a dar gracias a Dios por ser quien es, por mi relación con él y por la manera en la que atiende mis oraciones.

«Santificado sea tu nombre» (v. 9)

En hebreo, el nombre de una persona era una revelación de su personalidad. Pedir que el nombre de Dios sea santificado es pedir que él sea adorado. Muy a menudo, cuando miramos a nuestro alrededor, vemos que el nombre de Dios es ultrajado —mucha gente no le presta atención o sólo usa su nombre para blasfemar—. Debemos empezar por pedir que el nombre de Dios sea respetado y adorado en nuestras vidas, en nuestras familias, en nuestros lugares de trabajo y en la sociedad que nos rodea.

«Venga tu reino» (v. 10)

El reino de Dios es su dominio y gobierno. Éste será pleno cuando Jesús regrese, pero ya irrumpió en la historia cuando Jesús vino por primera vez. Jesús demostró la presencia del reino de Dios a través de su propio ministerio. Cuando oramos: «Venga tu reino», estamos orando para que el reinado de Dios venga tanto en el futuro como en el presente. Con esta oración también estamos pidiendo que la gente se convierta, que sea sanada y liberada del mal, que se llene del Espíritu Santo y que reciba los dones del Espíritu, para que juntos podamos servir y obedecer al Rey.

He oído decir que el predicador del siglo diecinueve, D. L. Moody, escribió una lista con cien personas y que oró por ellas para que se convirtieran mientras él viviera. Cuando murió, noventa y seis se habían hecho cristianas y las otras cuatro se convirtieron en su funeral.

Una joven madre cristiana, llamada Mónica, tenía problemas con su hijo, un adolescente bastante rebelde. Era perezoso, malhumorado y mentiroso. Algunos años después, aunque externamente llegó a ser un jurista respetable, su vida estaba dominada por la ambición y el deseo de ganar dinero. Vivió con varias mujeres y tuvo un hijo con una de ellas. Incluso llegó a hacerse miembro de una extraña secta religiosa. Durante todo ese tiempo su madre oró por él sin cesar. Un día, el Señor le concedió a Mónica una visión, y ella lloró mientras oraba, porque vio la luz de Jesucristo en su hijo y su cara transformada. Tuvo que esperar nueve años más antes de que su hijo entregara su vida a Jesucristo, a la edad de treinta y dos años. Ese hombre se llamaba Agustín. Se convirtió en el año 358 d. C., fue ordenado obispo en 396 y llegó a ser uno de los teólogos más importantes en la historia de la iglesia. Él siempre atribuyó su conversión a las oraciones de su madre.

No oramos simplemente para que el reino de Dios se establezca en las vidas de las personas, sino que también oramos para que esto lleve, en última instancia, a la transformación de la sociedad. Pedimos que reine la paz de Dios, su justicia y su compasión. Oramos por quienes a menudo son marginados por la sociedad y ocupan un lugar privilegiado en el corazón misericordioso de Dios: las viudas, los huérfanos, los cautivos y los que se encuentran perdidos y solos (Salmos 68,4-6a).

«Hágase tu voluntad en la tierra como en el cielo» (v. 10)

Esto no implica resignarse, sino liberarse de las cargas que tan a menudo llevamos a nuestras espaldas. Mucha gente está preocupada por las decisiones que tiene que tomar. Las decisiones pueden ser sobre asuntos más o menos importantes, pero si queremos asegurarnos de que no nos equivocaremos, necesitamos orar: «Hágase tu voluntad». El salmista dice: «Encomienda al Señor tu camino; confía en él, y él actuará» (Salmos 37,5). Si estás orando, por ejemplo, sobre la idoneidad de una relación, puedes orar así: «Si esta relación es mala, te pido que le pongas fin. Si es buena, te pido que nada acabe con ella». Así, tras haber encomendado tu relación al Señor, puedes confiar en él y esperar a que él actúe.

«Danos hoy nuestro pan de cada día» (v. 11)

Algunos han sugerido que Jesús se refería al pan espiritual de la Santa Comunión o a la Biblia. Es posible, pero creo que los reformadores tenían razón al afirmar que Jesús alude aquí a nuestras necesidades básicas. Lutero dijo que esta expresión hacía referencia a «todo lo necesario para la preservación de esta vida, como comida, salud, buen tiempo, casa, hogar, mujer, hijos, buen gobierno y paz». Dios se preocupa por todo lo que tú y yo nos preocupamos. De la misma manera que yo quiero que mis hijos me cuenten lo que les preocupa, Dios quiere oír las cosas que nos preocupan.

Un amigo mío le preguntó a una mujer que se acababa de hacer cristiana cómo iba su negocio. Ella respondió que no iba muy bien, así que mi amigo se ofreció a orar por su negocio. La mujer respondió: «No sabía que eso estuviera permitido». Mi amigo le explicó que sí lo estaba. Oraron juntos y, la semana siguiente, el negocio mejoró notablemente. La oración del Padrenuestro nos enseña que no es malo orar por nuestras necesidades, siempre que el nombre de Dios, el reino de Dios y la voluntad de Dios sean nuestra prioridad.

«Perdónanos nuestras deudas, como también nosotros perdonamos a nuestros deudores» (v. 12)

Jesús nos enseñó a orar para que Dios perdonara nuestras deudas (las cosas que hacemos mal). Algunos se preguntan: «¿Por qué tenemos que orar por el perdón? ¿Acaso no es cierto que cuando nos acercamos a la cruz se nos perdona de todo lo pasado, lo presente y lo futuro?». Es cierto, como vimos en el capítulo tercero, que se nos ha perdonado completamente de todo lo pasado, lo presente y lo futuro, porque Jesús cargó con todos nuestros pecados en la cruz. Sin embargo, Jesús nos enseña a orar: «Perdónanos nuestras deudas». ¿Por qué?

Personalmente, considero que la analogía más esclarecedora es la que utiliza Jesús en el capítulo decimotercero del Evangelio de Juan, cuando se dispone a lavarle los pies a Pedro. Pedro le dijo:

—¡Jamás me lavarás los pies!

—Si no te los lavo, no tendrás parte conmigo —respondió Jesús.

—Entonces, Señor —repuso Pedro—, ¡no sólo los pies, sino todo mi cuerpo!

—El que ya se ha bañado no necesita lavarse más que los pies —le contestó Jesús—; pues ya todo su cuerpo está limpio.

He aquí una imagen del perdón. Cuando nos acercamos a la cruz somos purificados y perdonados por completo —todo queda resuelto—. Pero, a medida que caminamos por el mundo, hacemos cosas que empañan nuestra relación con Dios. Nuestro estatus está asegurado, pero nuestra amistad queda empañada por la suciedad que se nos va pegando a los pies en el camino de la vida. Necesitamos orar, todos los días: «Perdónanos, Señor, y purifícanos». No tenemos que bañarnos de nuevo —Jesús ya lo ha hecho por nosotros—, pero cierta purificación es necesaria a diario.

Jesús añadió: «Porque si perdonan a otros sus ofensas, también los perdonará a ustedes su Padre celestial. Pero si no perdonan a otros sus ofensas, tampoco su Padre les perdonará a ustedes las suyas» (Mateo 6,14-15). Esto no quiere decir que podamos ganarnos el perdón de Dios perdonando a los demás. Jamás podremos ganarnos el perdón. Eso es algo que Jesús consiguió para nosotros en la cruz. Pero la señal de que hemos sido perdonados es que estamos dispuestos a perdonar a los demás. Si no estamos dispuestos a perdonar a los demás, quiere decir que no hemos conocido el perdón. Si de veras hemos conocido el perdón de Dios, no podemos negar el perdón a otra persona.

«Y no nos dejes caer en tentación, sino líbranos del maligno» (v. 13)

Dios no nos tienta (Santiago 1,13), pero sí tiene control sobre la medida en la que estamos expuestos al mal (ej. Job 1-2). Todos los cristianos tenemos un punto débil —sea miedo, ambición, avaricia, orgullo, lujuria, chismorreo, desconfianza o cualquier otra cosa—. Si somos conscientes de nuestra debilidad, podemos orar para protegernos de ella y podemos tomar acciones concretas para evitar tentaciones innecesarias. Trataremos este tema en el capítulo undécimo.

¿CUÁNDO DEBEMOS ORAR?

El Nuevo Testamento nos exhorta a orar «sin cesar» (1 Tesalonicenses 5,17; Efesios 6,18). No tenemos que estar en un edificio especial para orar. Podemos orar en el tren, en el autobús, en el automóvil, montando en bicicleta, caminando por la calle, acostados en la cama, en medio de la noche o cuando queramos y dondequiera que estemos. Como en todas las relaciones cercanas, podemos charlar mientras hacemos otras cosas. Sin embargo, es muy beneficioso encontrarse con alguien sólo y exclusivamente para hablar. Jesús dijo: «Pero tú, cuando te pongas a orar, entra en tu cuarto, cierra la puerta y ora a tu Padre, que está en lo secreto» (Mateo 6,6). Él mismo se retiró a lugares solitarios para orar (Marcos 1,35). A mí me resulta muy provechoso combinar la lectura de la Biblia con la oración al principio del día, cuando tengo la mente más despejada. Es bueno seguir un modelo constante de oración. La hora del día que escojamos depende de muchas cosas, entre las que se encuentran nuestro carácter, nuestra vida familiar y nuestra rutina de trabajo.

Orar con otras personas es tan importante como orar a solas. Esto puede darse en un grupo pequeño de dos o tres personas, por ejemplo. Jesús dijo: «Además les digo que si dos de ustedes en la tierra se ponen de acuerdo sobre cualquier cosa que pidan, les será concedida por mi Padre que está en el cielo» (Mateo 18,19). Puede resultar muy difícil orar en alto delante de otras personas. Yo lo hice por primera vez unos dos meses después de haberme encontrado con

Cristo. Recuerdo que estaba con dos de mis mejores amigos y que decidimos dedicar algún tiempo para orar juntos. Sólo oramos durante diez minutos, pero, al acabar la oración, ¡tenía la camisa empapada! Con todo, vale la pena perseverar, puesto que la oración en común tiene mucho poder (Hechos 12,5).

Hemos sido creados por Dios para estar en relación con él. La muerte de Jesús en la cruz lo ha hecho posible y la oración es la manera en la que profundizamos y afianzamos nuestra amistad con él. Por esta razón, la oración es la actividad más importante de nuestras vidas.

NOTAS

1. Andrew Murray, *Believer's Secret of the Master's Indwelling* (Bethany House Publishing, 1986).
2. C. S. Lewis, *Weight of Glory* (HarperOne, 2001).
3. Como lectura para profundizar en este tema, recomiendo: Pete Greig, *Cuando Dios guarda silencio* (Casa Creación, 2008).

Recursos Alpha

Este libro es un recurso de Alpha. El Curso Alpha es una introducción práctica a la fe cristiana creada y desarrollada por la iglesia Holy Trinity Brompton en Londres, Inglaterra. Miles de iglesias y personas de todo el mundo ya han hecho, y están haciendo, el Curso Alpha.

Hay muchos recursos de Alpha disponibles para usted. Los recursos traducidos al español son los siguientes:

Manual del Curso Alpha. Es un manual diseñado para ser utilizado por todos los participantes del Curso Alpha. El manual del Curso Alpha contiene el esquema de cada tema de Alpha y un espacio para la toma de notas. De esta manera, los invitados pueden seguir fácilmente el tema de cada sesión.

El Curso Alpha incluyendo Alpha Exprés (estuche DVD). Este DVD contiene dos versiones de las 15 sesiones del Curso Alpha, una versión completa y otra resumida. La versión resumida, *Alpha Exprés,* ha sido abreviada a unos 20 minutos, casi la mitad de una sesión ordinaria de Alpha. Recomendamos que se usen las sesiones completas de Alpha siempre que sea posible. No obstante, *Alpha Exprés* es una herramienta muy útil cuando el curso se realiza en el lugar de trabajo durante la hora de almorzar.

Alpha también ha creado otros materiales de apoyo para impartir el curso en contextos muy específicos como las prisiones, el ejército, la escuela, la universidad y el lugar de trabajo. Además de los recursos ya mencionados, Alpha ofrece cursos de seguimiento, conferencias de formación y otros materiales suplementarios.

Libros publicados por Alpha

Por Nicky Gumbel

Títulos disponibles en español:

¿Por qué Jesús? Este cuaderno escrito por Nicky Gumbel corresponde al segundo y tercer tema del Curso Alpha: «¿Quién es Jesús?» y «¿Por qué murió Jesús?». Se usa idealmente como obsequio para los invitados al inicio del curso y su lectura es recomendada a todos los participantes del Curso Alpha. En palabras de Michael Green, es «la presentación de Jesús más clara, desafiante y mejor ilustrada que conozco».

¿Por qué la Navidad? Es la edición navideña de *¿Por qué Jesús?* y es ideal para regalar a todo aquel que asiste a la iglesia durante el tiempo navideño. Es, además, el recurso perfecto para promover los cursos Alpha que comienzan después de Navidad.

Temas candentes. Este libro contiene las respuestas que Nicky Gumbel da a las siete preguntas más frecuentes que hacen los participantes del Curso Alpha. *Temas candentes* es para quienes buscan explicaciones a algunas de las preguntas más difíciles y complejas del cristianismo, tales como el sufrimiento, las otras religiones, el sexo antes del matrimonio, etc. Este libro también es para quienes están interesados en hablar a sus conocidos, familiares y amigos sobre Jesucristo. Contiene muchas respuestas útiles, tanto para quienes quieren usarlo como lectura personal, como para quienes lo necesitan como material de referencia para el diálogo en los grupos pequeños.

La fe que vence al mundo. «En junio de 2005, fue un gran privilegio recibir la visita del P. Raniero Cantalamessa, quien inauguró nuestra Conferencia Internacional de Alpha. Su discurso en esa ocasión, "La fe que vence al mundo", ha sido una inspiración para todos los que participamos en Alpha y le estamos enormemente agradecidos por permitirnos publicarla en este folleto» (Nicky Gumbel).

Centros de información:

La oficina de Alpha International
Alpha International
Holy Trinity Brompton
Brompton Road
Londres SW7 1JA
Reino Unido
t. +44 (0) 845.644.7544
e-mail: info@alpha.org
www.alpha.org

En las Américas
Alpha América Latina y el Caribe
e-mail: latinoamerica@alpha.org
www.alphalatinoamerica.org

Alpha Costa Rica
t. +(506) 2241 3930
e-mail: wendy@alphacostarica.org
t. +(506) 2257 5170
e-mail: erick@alphacostarica.org
www.alphacostarica.org

Alpha México
t. +(52) 5555.6302.02
e-mail: oficinaalphamexico@gmail.com

Alpha EE.UU.
t. 800.362.5742
t. + 212.406.5269
e-mail: info@alphausa.org
www.alphausa.org

En España y Europa
Alpha España
t. +34 881 99 05 70
e-mail: info@cursoalpha.es
www.cursoalpha.es

En Canadá
Alpha Canadá
t. 800.743.0899
e-mail: office@alphacanada.org
www.alphacanada.org